U0788799

蘇州市西園戒幢律寺 編

西園寺石刻五百羅漢像

下冊

文物出版社

第三三五
光明燈尊者

第三三六
執寶炬尊者

第三三七功德相尊者

第三三八
忍生心尊者

第三三九
阿氏多尊者

四十八尊者
白雲交惠者

第三四零
白象尊者

第三四一
識目生尊者

第三讃歎顛尊者
四之言

第三四三
定拂羅尊者

第三四四
殼引衆尊者

第三四五
離淨語尊者

第三四六鳩舍尊尊者

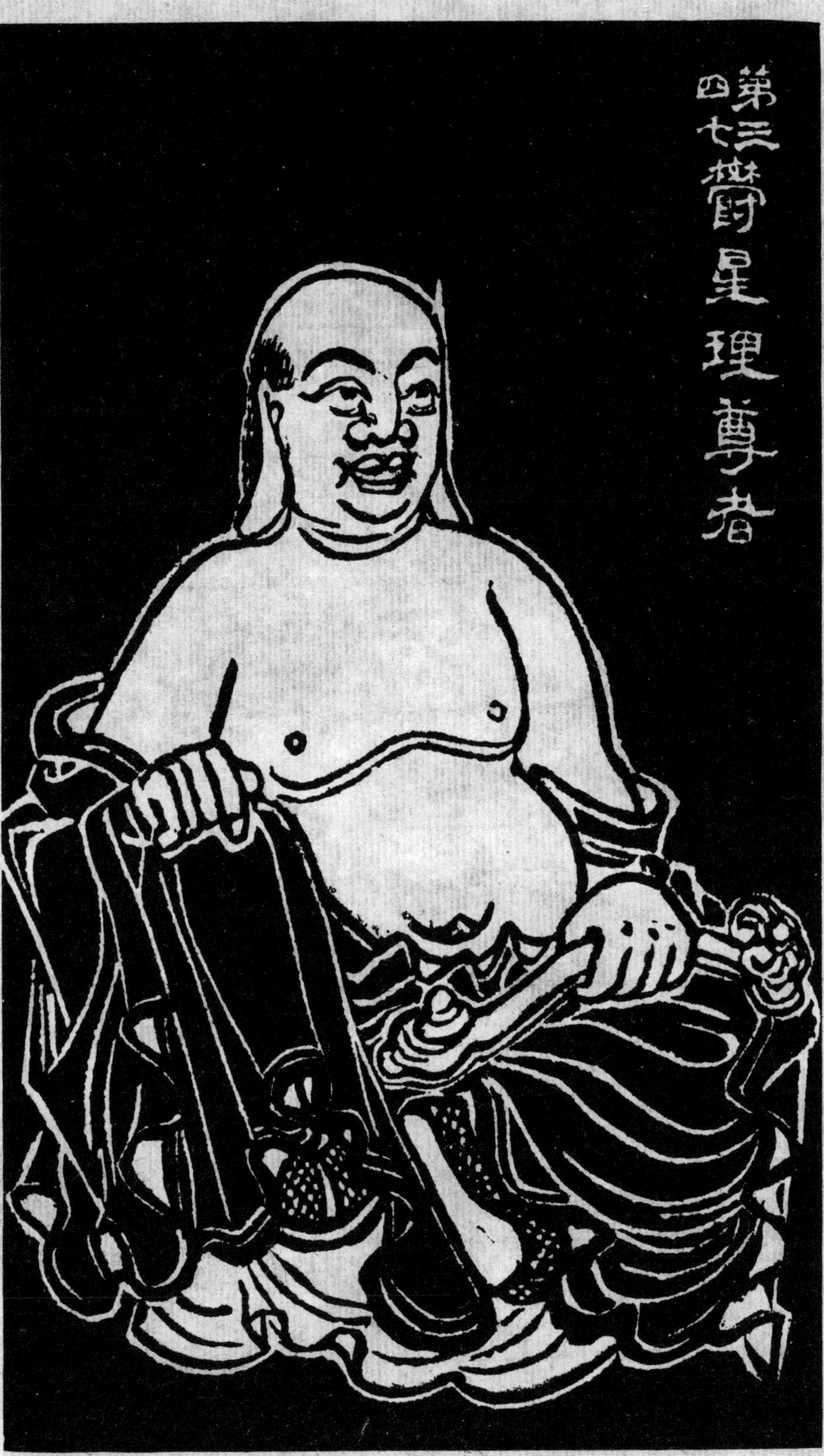
第三四七
欝星理尊者

第三四八 福業除尊者

第三四九羅余習尊者

第三五零
大藥真尊者

第三五一
勝解空尊者

第三五二
脩無德尊者

第三五三喜無著尊者

第三五四

第三五五梹𣘿羅尊者

第三五六心定給尊者

第三五七庵羅滿尊者

第三五八 頂生尊尊者

第三五九 薩穌檀尊者

第三六零 真德福尊者

第三六一自那利尊者

第三六二 慈見真尊者

第三六三
韋藍王尊者

第三六四 提婆長尊者

第三六五
成大利尊者

第三六六法首尊者

弟三六七蘇頻陀尊者

第三六八
衆濂首尊者

第三六九
金剛藏尊者

第九金阿羅尊者

第三七零
瞿伽村尊者

第三七一
日點明尊者

第十三因揭陀尊者

第十三因揭陀尊者

第三七二無垢藏尊者

第三七三除疑剛尊者

第三十四 無量明尊者

第三七四
無量明尊者

第三七五除究憂尊者

第五諾距羅尊者

第三十七無垢施尊者

第三七七光明網尊者

第三七八善修行尊者

第三七九
聖清涼尊者

第三八零 無憂服尊者

第五八一
香盞郭尊者

第三八二自明尊尊者

第三十八蘇倫訥尊者

第三八四
淨除垢尊者

第三八五舌訶業尊者

第三八六
慈仁尊尊者

第三八七
無盡慈尊者

第三八八駈陁怒尊者

第三八九那羅達尊者

第三九零
扦顯持尊者

第三九一大眼尊者

第三九二 無盡智尊者

第三九三
偏俱足尊者

第三九四寶蓋尊尊者

第三九五神通化尊者

第三九六
思善識尊者

第三九七
喜儀淨尊者

第三九八摩訶南尊者

第三九九
無量光尊者

第三九無量大尊者

第四零零金刚惠尊者

第四零一伏乕施尊者

第十四伐那婆斯尊者

第四零二
幻化空尊者

第四十三 金刚明尊者

第四零四
蓮華淨尊者

第四零五 拘那竟尊者

第四零六賢首尊尊者

第四零七調定藏尊者

第四零八
利益羅尊者

第四零九 無量光尊者

第四一零
無垢稱尊者

第四一一 大音殷尊者

第四一二大威光尊者

第四一三 自在王尊者

第四一四
明世界尊者

第四一五最上尊尊者

第四一六金剛尊尊者

第四一七蠲慢意尊者

第四一八㝡無比尊者

第一四九超絶倫尊者

第四蘇頻陀尊者

第四二零
月菩提尊者

第四二一持世界尊者

第四二二定華智尊者

第四二三無邊勝尊者

第四之四
冣勝幢尊者

第四二五棄惡濘尊者

第六無缺行尊者

第四二六無礙行尊者

第四二七
替莊嚴尊者

第四二八
無盡慧尊者

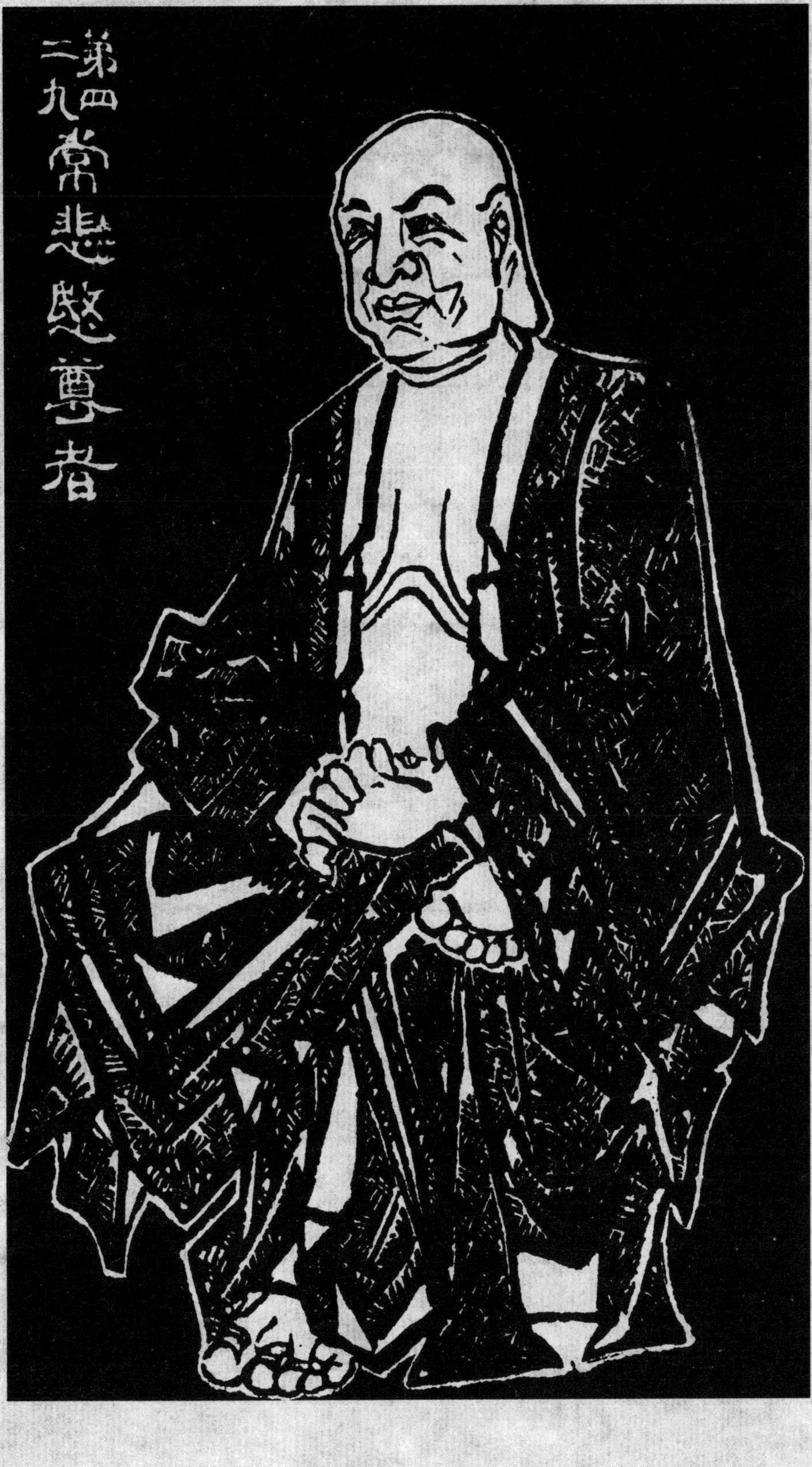

第四二九 常悲慼尊者

第四大蘇頻陀尊者

第四三零
大塵部尊者

第四三一
光燄明尊者

第四三二智眼明尊者

第四三三堅固行尊者

第四三四
澍雲雨尊者

第四三五不動羅尊者

第四三六普光明尊者

第四三七心觀淨尊者

第四三八
那羅延尊者

第四三九 瀍上真尊者

第廿四祖師子尊者

第四四一精進辨尊者

第四四二
無說果尊者

第四四三
觀無邊尊者

第四四四
破耶見尊者

第四四五 師子翻尊者

第四四六
無憂德尊者

第四四七
行無邊尊者

第四四八
惠金剛尊者

第四四九義成就尊者

第四十五善住義尊者

弟四五一 信敬端尊者

四五一

第四五四
師子作尊者

第四五五行忍慧尊者

第四五六
無相空尊者

第四五七勇精進尊者

第四五八
勝清淨尊者

第四五九 有性空尊者

第四六零淨那羅尊者

第四六一
婆自在尊者

第四蘇頻陀尊者

第四六二
師子頻尊者

第四六三
大賢光尊者

第四六四
摩訶羅尊者

第四六五
音調敏尊者

第四六六師子臆尊者

第四六七壞魔軍尊者

第四十八分別身尊者

第四六九淨解脫尊者

第四十七尊質直行尊者

第四十七智仁慈尊者

第四七二
具足儀尊者

第四七三 如意雜尊者

第四七四
大識妙尊者

第四七五
封賓那尊者

智遠大畫者

第四七六
普燄光尊者

第四十七宫遠行尊者

第四七八
得佛智尊者

第四七九
寂靜行尊者

第四八零
悟真常尊者

第四八一破魔賊尊者

第四八二滅惡趣尊者

第四八三
性海通尊者

第四八四
妙法通尊者

第四八五憨不息尊者

第四八六
攝衆心尊者

第四八七 道大衆尊者

第四八八
常隱行尊者

第四八九
菩薩慈
尊者

第四九二
數封空尊者

第四九三注婆水尊者

第四九四
得法空尊者

第四九五
惠廣尊者

第四九六
六根盡尊者

第四九七
跋陀羅尊者

第四九八
思薩埵尊者

第四九九
注荼迦尊者

第五百零
鉢利羅尊者

當今西泠諸子篆刻名
家年臻八十刀彌勁
者以余所知吴门张寒月
先生为第一寒月師事吳
昌碩先生又屢從名家遊藝

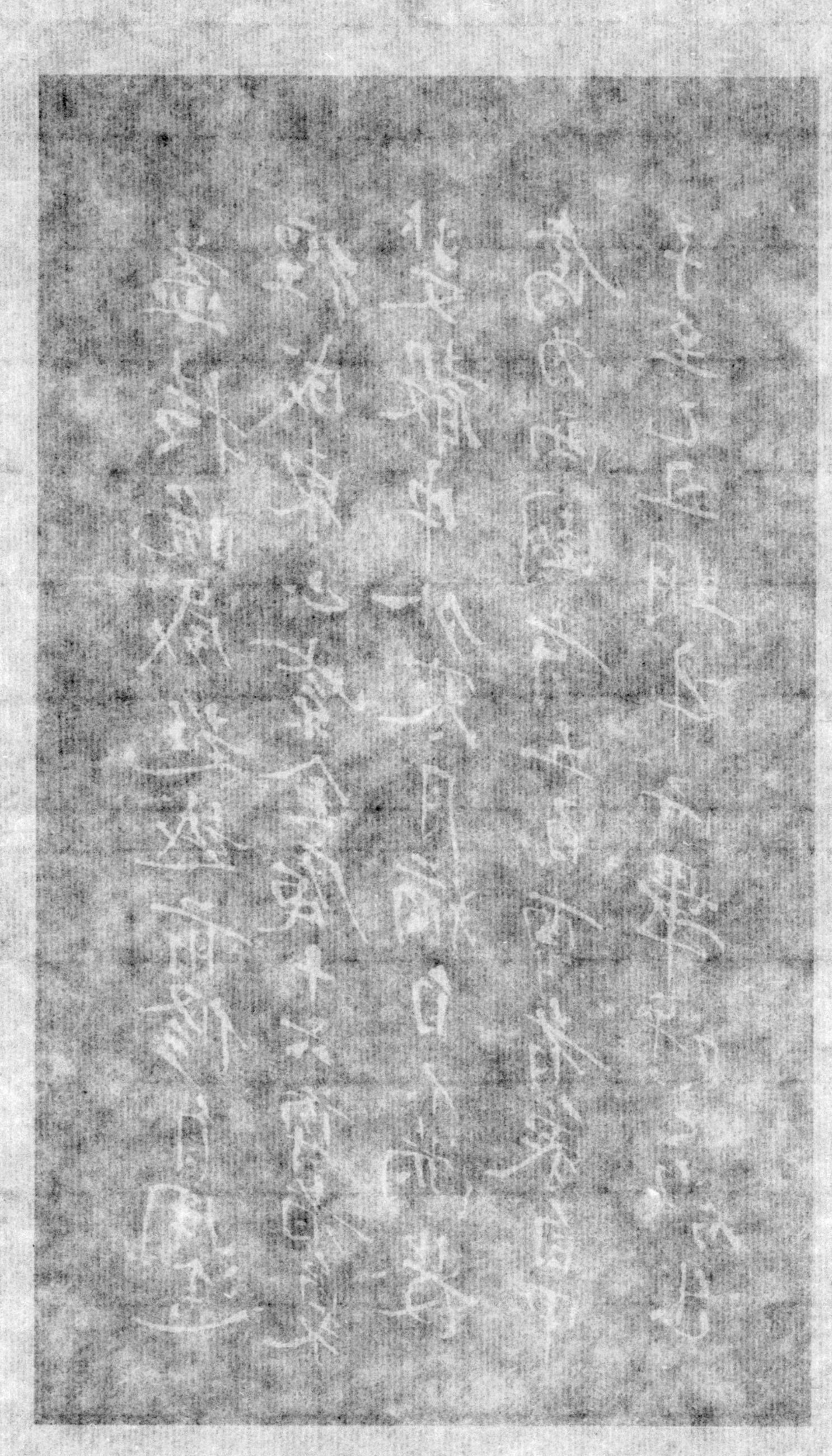

益精晚歲超越前修自用達
經成東山一峯金鹿十六尊者像
斐聲中外一夕寒月猶自不滿發
為西園寺五百尊者像自甲
子至乙丑期年而畢呼之欲出

妙奪天工猗歟盛哉助其成
者繪象陳志明助刻張佩元
者象朱張春後起之秀也既
則斯刻石獨為佛門之瑰寶亦西
泠藝術大放異彩歟

沈迅國

責任編輯　賈東營
責任印製　張道奇

圖書在版編目 (CIP) 數據

西園寺石刻五百羅漢像 / 蘇州市西園戒幢律寺編
. — 北京 : 文物出版社 , 2020.10
ISBN 978-7-5010-6746-6

Ⅰ . ①西… Ⅱ . ①蘇… Ⅲ . ①羅漢 – 石刻 – 拓本 – 中國 – 現代 Ⅳ . ① K877.4

中國版本圖書館 CIP 數據核字 (2020) 第 143339 號

西園寺石刻五百羅漢像

蘇州市西園戒幢律寺　編

出版發行　文物出版社
郵　　編　一〇〇〇〇七
地　　址　北京市東直門内北小街二號樓
網　　址　hppt://www.wenwu.com
郵　　箱　web@wenwu.com
製版印刷　揚州古籍綫裝文化有限公司
版　　次　二〇二〇年十月第一版
印　　次　二〇二〇年十月第一次印刷
書　　號　ISBN 978-7-5010-6746-6
定　　價　壹仟壹佰捌拾圓

本書版權獨家所有，未經授權，不得復製翻印。